NOTICE

SUR LE

PÉLERINAGE

DE

N.-D. de Marceille

Près de Limoux.

CARCASSONNE

IMPRIMERIE DE P. LABAU, GRAND'RUE, 21.

1859.

NOTICE

SUR LE

PÉLERINAGE

DE

N.-D. de Marceille

Près de Limoux.

CARCASSONNE

IMPRIMERIE DE P. LABAU, GRAND'RUE, 21.

1859.

PROPRIÉTÉ.

APPROBATION.

———

Nous avons lu avec un vif intérêt, la notice relative à la chapelle et au pèlerinage de Notre-Dame de Marceille, à Limoux. Nous en autorisons l'impression, et nous exprimons le désir qu'elle se répande pour faire connaître et aimer, de plus en plus, une dévotion qui nous est chère.

† François, Évêque de Carcassonne.

———

PRÉFACE.

C'est pour répondre aux pieux désirs des nombreux pélerins qui, tous les ans, visitent l'Eglise de Notre-Dame de Marceille, près de Limoux, que l'administration de cette Eglise a fait imprimer cette courte notice. On s'étonnait avec raison qu'un pélerinage si célèbre dans la contrée, n'eût point encore trouvé d'historien pour en raconter l'origine, les gloires et les priviléges. La tradition qui en transmettait seule le récit suffisait, sans doute, à la piété des fidèles; mais les esprits défiants demandaient la preuve authentique des faits dont elle s'inspire.

Pour la rédaction de cette notice, il a fallu puiser à des sources diverses; (*) mais, grâce au zèle persévérant de quelques hommes dont s'honore leur pays, l'auteur en a trouvé les éléments tout préparés. La reconnaissance nous fait un devoir de nommer M. le Baron de Guiraud, de l'académie Française; M. Lamothe, avocat distingué de notre barreau, et M. le Docteur Buzairies. Ce sont leurs notes qui nous ont fourni les renseignements les plus utiles et les plus exacts. Aussi, si cet opuscule a quelque mérite, c'est à leurs savantes recherches que nous nous plaisons à l'attribuer.

Le plan de cette notice est simple et naturel. Après avoir raconté l'origine du pélerinage et en avoir expliqué le nom qui, sans une légère différence dans l'orthographe, pourrait le faire confondre avec Notre-Dame

(*) Voir la note première à la fin de la notice.

de la Garde, à Marseille, nous en parcourons rapidement l'histoire jusqu'à nos jours. Vient ensuite le tableau des fêtes qu'on y célèbre avec tant de pompe, et qui attirent, de toutes parts, une foule si nombreuse de curieux et de fidèles. Après ce tableau qui, nous l'espérons du moins, ne sera pas sans intérêt pour les âmes pieuses, nous parlons des miracles que la Sainte-Vierge se plaît à opérer en faveur de ceux qui viennent y implorer son secours, et nous terminons enfin par la description de l'Eglise actuelle et des nombreux *ex-voto* qu'elle contient.

Uniquement préoccupé de la gloire de Marie, nous serons heureux si cette modeste publication peut intéresser nos lecteurs, et augmenter en eux la dévotion envers cette tendre mère.

Du reste, nous sommes plein de confiance, depuis que notre Evêque bien aimé,

Monseigneur de LA BOUILLERIE, a daigné approuver et bénir notre œuvre. Puisse-t-il maintenant mettre le comble à nos vœux, en lui obtenant une place dans le monument historique que notre siècle élève à Notre-Dame de France !

Lith Mouteunet   à Carcassonne

CHAPITRE 1.

Situation géographique du pèlerinage
de Notre-Dame de Marceille.

Non loin de la petite ville de Limoux , (1) sur un riche côteau dominant la rive droite de l'Aude et la route de Carcassonne , s'élève une Eglise dédiée à Marie.

Rien n'est gracieux et pittoresque comme les avenues de ce pieux sanctuaire. Du côté de Limoux, les pélerins y arrivent par une belle route qui serpente entre deux lignes d'arbres, à travers des vignes, des prairies et des jardins

(1) Notre-Dame de Marceille n'est qu'à un kilomètre de Limoux. Le pélerin, arrivé dans cette ville, par les grandes voies de Carcassonne, de Fanjeaux, de Chalabre, de Quillan, des Corbières, etc., peut aller en voiture, par une très belle route, jusqu'à la porte de l'Eglise.

encadrés par des acacias ou des bordures
d'aubépines. De tous les autres côtés, ils y viennent par les contrées montueuses où naissent
les premières hauteurs des Corbières, et qui
présentent un curieux mélange de pics sauva-
ges, de riants côteaux et de fraîches vallées.

Quand on arrive sur le plateau que couronne
l'Eglise, l'œil découvre le paysage le plus riant
et le plus varié. On voit à ses pieds la jolie
plaine de Flacian, où l'Aude entretient sans cesse
la fraîcheur et la fertilité, et la ville de Limoux
avec l'élégante flèche de son clocher se dessi-
nant sur un rideau de verdure que forment les
côteaux si justement renommés pour leurs vins.
Plus loin, aux limites reculées de l'horizon,
les montagnes de l'Ariége, avec leurs cimes im-
posantes, et les pics des monts Pyrénéens, toujours blanchis par la neige, forment le second
et le troisième plan de ce magnifique tableau.
Le coup d'œil est d'un effet saisissant, et,
pour peu qu'on aime la belle nature, on ne peut
s'empêcher de s'écrier : vraiment la Sainte-
Vierge sait bien choisir ses sites. Elle les choi-

sit en effet ; et, quand on se rappelle la position de ses chapelles les plus célèbres, on voit évidemment que les hauteurs, aux riches et vastes horizons, sont les lieux qu'elle aime de préférence pour y asseoir ses sanctuaires privilégiés. Elle connaît ce charme puissant « qui attire les âmes pieuses au sommet des montagnes pour y prier, et cet instinct des hommes qui les a toujours portés à adorer l'Etre éternel sur les lieux élevés ; là, plus près du ciel, il semble que la prière ait moins d'espace à franchir pour arriver au trône de Dieu. » (1)

---

(1) Chateaubriand, voyage au Mont-Blanc.

CHAPITRE II.

Origine du pèlerinage de Notre-Dame de Marceille.

L'origine du pèlerinage de Marceille remonte à une époque très reculée, et serait due, s'il faut en croire une ancienne tradition, à l'intervention miraculeuse de Marie.

Un laboureur, cultivant le sol où s'élève aujourd'hui l'Eglise, voit tout-à-coup ses bœufs s'arrêter et s'agenouiller. C'est en vain qu'il les presse et qu'il les stimule; ils opposent une résistance invincible. Le laboureur étonné fait le signe de la croix et s'agenouille comme ses bœufs. Ensuite, les ayant fait reculer, il creuse la terre, et bientôt s'offre à ses yeux une Madone de bois à la figure très brune, mais au sourire séduisant. Le soir, heureux de sa bonne fortune, il apporte cette image de Marie à sa famille qui l'accueille avec joie et bonheur. Mais le lendemain, quelle n'est pas sa surprise! la Vierge a disparu, et, à son retour au champ, il la retrouve à la place où il l'avait découverte la veille. Le pieux laboureur l'emporte encore; mais le jour suivant le prodige se renouvelle; la statue disparaît de nouveau pour regagner son asyle de prédilection. Tous les doutes étaient alors dissipés : ce double miracle prouvait évidemment que la bonne Vierge avait choisi ce lieu pour y être honorée.

La nouvelle de ce merveilleux événement ne tarda pas à se répandre, et fit grand bruit dans la contrée. La piété des fidèles y vit une preuve éclatante de la puissance et de la bonté de Marie; et bientôt les populations, pour seconder des désirs si clairement manifestés, élevèrent avec un pieux enthousiasme, probablement sous la direction de l'Abbé de St-Hilaire, un modeste sanctuaire à la statue miraculeuse. Du reste, le fait singulier qui a donné naissance au pèlerinage fut consacré par un tableau que nos pères

.ont vu longtemps dans la chapelle, et que nous y verrions encore sans les malheurs des derniers temps : il périt alors avec d'autres monuments historiques qui auraient pu fournir de précieux renseignements.

Il serait difficile de préciser l'époque du miracle, et, par conséquent, de donner la date certaine de l'érection du monument primitif ; la nuit des temps a jeté ses ombres impénétrables sur ces deux événements. Cependant, selon l'opinion de quelques auteurs qui se sont occupés de Notre-Dame de Marceille, il est probable que ce pélerinage existait déjà au 10e siècle, et que les religieux de St-Hilaire servirent pour cette œuvre d'instrument à la foi des peuples. C'est en effet vers 982 que les Bénédictins de cette ancienne et célèbre abbaye devinrent propriétaires des dîmes attachées à l'Eglise paroissiale de Limoux, par suite de la donation que leur en fit le comte de Carcassonne et du Razès; et c'est alors aussi, selon toutes les vraisemblances, qu'ils élevèrent, sur la route de Saint-Hilaire à Limoux, les chapelles champêtres de

St-Jaume et de St-Michel, destinées sans doute
à leur servir de station quand ils allaient, à
travers les montagnes, percevoir leurs dîmes
et visiter le sanctuaire de Notre-Dame de Marceille sur lequel s'étendait aussi leur suzerai-
neté.

Le territoire où il s'élève portait alors le nom
de Ste-Marie; c'est ainsi qu'il est désigné dans
un acte qui remonte à l'année 1011. (1) Le nom
de Marcellano, d'où est venu cette appellation,
maintenant si populaire, de Notre-Dame de
Marceille, ne paraît dans les actes publics qu'à
partir de l'année 1277.

Il est donc certain que le pélerinage de Marceille remonte à une très haute antiquité; mais,

_____

(1) Donatores sumus.... in villâ quæ vocant Flaciano
aripento unum de vineale, et habet afrontationes ipsæ
vinealis de parte altano in vineale Sanctæ-Mariæ.......
(Vaissette, histoire du Languedoc. 2e édit., tome 3, page
479.)

Dans la collection manuscrite de Doat, on lit encore :
de meridie unum vineale amelii, de Circii in stratâ pu-
blicâ, de aquilone in vineale Sanctæ-Mariæ.

plus heureux que ces chapelles échelonnées sur la route de St-Hilaire à Limoux, et dont il ne reste maintenant que des ruines, l'oratoire primitif, œuvre certaine de la foi publique, n'a disparu que pour faire place à un monument plus digne de la Ste-Vierge; et celui-ci, échappé aux ravages du temps, est encore debout, grandissant d'âge en âge dans la vénération des peuples, et attestant, par les miracles qui s'y opèrent, que Marie se plaît à y signaler sa puissance.

CHAPITRE III.

Histoire de la chapelle de Marceille
jusqu'à la révolution de 1789.

Si les documents nous manquent pour déter-
miner d'une manière précise l'origine de Notre-
Dame de Limoux, ils abondent heureusement
pour nous en faire suivre l'histoire jusqu'à nos
jours. Grâce à ces documents dont les plus an-
ciens remontent à l'année 1277, on peut connaître les différentes phases de son existence.

Placée d'abord sous la dépendance des religieux de St-Hilaire, la chapelle de Marceille
leur fut enlevée en 1207 par Béranger, archevêque de Narbonne, qui en donna bientôt la
propriété au monastère de Prouilhe que Saint-
Dominique venait de fonder près de Fanjeaux.
Vers cette même époque, elle devint la proie

*

des hérétiques Albigeois qui en firent le théâtre de leurs conciliabules impies. C'est là probablement, et non à Limoux ou à Pieussan, comme le veulent quelques historiens, qu'eut lieu cette assemblée de prêtres hérétiques, qui élut Benoît de Thermes évêque de Carcassonne et du Razès. Vers la fin du 14e siècle, l'archevêque de Narbonne la prit aux religieuses de Prouilhe pour en attribuer les revenus à une communauté de prêtres chargés de l'enseignement dans sa ville métropolitaine. (1) Mais en 1551, les collégiens de Narbonne, qui étaient allés se fixer à Paris, la cédèrent aux consuls de la ville de Limoux, moyennant une redevance annuelle de six livres. (2) Quelques années plus tard, on la fit servir tour-à-tour de lazaret en temps de peste et de corps de garde pendant les guerres civiles, afin de protéger les récoltes

---

(1) Cette communauté est désignée dans les actes publics sous le nom de Collégiens de Narbonne.

(2) La transaction entre les consuls de Limoux et les collégiens de Narbonne se trouve dans les archives de l'Empire, à Paris.

contre les Huguenots qui dévastaient les campagnes voisines. En 1660, la ville en fit l'abandon à Mgr de Fouquet, (1) archevêque de Narbonne, qui la destinait à l'établissement d'un séminaire pour le Razès. La mort le surprit au milieu des préparatifs, et son successeur, abandonnant son projet, donna la chapelle, en 1674, aux doctrinaires qui dirigeaient le collége de Limoux, et qui en ont gardé la propriété jusqu'à la révolution de 1789.

Pendant ces divers changements, qui attestent eux-mêmes l'importance du pélerinage et le prix qu'y attachait la foi des peuples, sa réputation allait toujours croissant, et il devenait un centre religieux pour toute la contrée circonvoisine.

On y remarquait déjà ce qu'on y voit de nos jours. En 1641, Mgr Fouquet dépeignait en ces termes la dévotion populaire pour la chapelle de Marceille : « Il y a grand abord de

_____

(1) La transaction entre les consuls de Limoux et l'archevêque de Narbonne, au sujet de la chapelle de Marceille, se trouve dans les archives communales de Limoux.

peuple qui visite la chapelle par dévotion, même
y passe la nuit entière le jour de la fête de
Notre-Dame de septembre , et couche dans
l'Eglise, ce que Mgr a, expressément défendu
à peine d'excommunication, et a enjoint à l'ermite et aux marguilliers de fermer l'Eglise une,
heure avant la nuit. »,

Quelques années plus tard , Mgr de Bonzy,
dans l'acte qui transférait aux doctrinaires de
Limoux l'administration de la chapelle , décla-
rait qu'il leur faisait cette cession « pour entretenir la dévotion que le peuple dudit Limoux et
des lieux circonvoisins avait pour la Ste-Vierge,
spécialement honorée dans ladite chapelle. »

Cette dévotion des peuples est encore attestée
par mille faits divers dont la relation est par-
venue jusqu'à nous.

Pour nous borner à quelques-uns, nous dirons
seulement qu'en 1709 , dans cette année désas-
treuse où la France , déjà si cruellement éprou-
vée par la guerre , eut à souffrir encore, grâce
aux rigueurs d'un hiver sans exemple, les fléaux
de la disette et de la famine , tous les cœurs se

tournèrent vers Notre-Dame de Marceille. Le
19 mai, les pénitents blancs de Limoux, suivis
d'une foule immense qui chantait les louanges
de Marie, se rendirent processionnellement au
pieux sanctuaire pour y acquitter un vœu, et
conjurer la patronne de la France de mettre un
terme à ses maux.

A une époque moins reculée, le 9 septembre
1781, le vicomte de Lévy, capitaine des gar-
des de Monsieur, frère de Louis XVI, se
rendit à Marceille afin d'y prononcer un vœu
devant l'autel de Notre-Dame, pour la conser-
vation de la Reine Marie-Antoinette et du fruit
qu'elle portait dans son sein. Le 8 décembre de
la même année, après la naissance du Dauphin
Louis XVII, les pénitents bleus de Limoux mon-
tèrent processionnellement à la chapelle, suivis
des consuls et de la noblesse, et escortés de
nombreuses troupes. Après avoir chanté solen-
nellement vêpres et un *Te Deum*, on déposa un
drapeau sur l'autel de la statue vénérée, et l'on
fit vœu de répéter cet acte de dévotion à toutes
les fêtes de la vierge, et le jour anniversaire de

la naissance du Dauphin. Ce vœu, qui devait durer dix ans, fut autorisé par l'archevêque de Narbonne. A l'expiration de cet engagement, l'orage révolutionnaire était déchaîné sur la France, et le jeune Prince qui en avait été l'objet, devait bientôt, après avoir vu périr sa noble famille, s'éteindre lui-même misérablement dans la prison du Temple.

Cependant la révolution commençait le cours de ses dévastations. A cette époque de bannissement pour les corps religieux et de destruction pour les édifices consacrés au culte, l'Eglise de Marceille aurait subi le sort de tant d'autres, si la mère de Dieu, qui lui réservait encore de si glorieuses destinées, n'eût inspiré à quelques personnes pieuses de la ville de l'acheter comme bien national. (1) La statue miraculeuse fut

---

(1) L'Eglise de Marceille fut vendue aux enchères, comme propriété nationale, le 21 avril 1793. Quatre chefs de famille en firent l'acquisition dans le but de la conserver au culte, et de satisfaire le vœu général. — Ces acquéreurs étaient : Martin Andrieu, François Lasserre, Joseph Doutre et Jérôme Télinge.

alors religieusement enlevée de la chapelle et
cachée avec soin par des mains fidèles, afin de
la soustraire aux outrages et à la profanation.
Quant à l'Eglise, elle dut rester fermée, comme
tous les autres temples catholiques, pendant le
règne trop long de la terreur.

Ce temps d'épreuve servit encore à faire éclater la piété populaire pour la statue miraculeuse.
Que de fidèles, ne pouvant plus la vénérer dans
son sanctuaire, venaient, malgré les menaces
et les rigueurs de la tyrannie, s'agenouiller sur
le seuil de la porte, y déposer leur prière et
l'arroser de larmes ! Quand cette consolation
leur était refusée, aucune force humaine ne
pouvait du moins les empêcher de saluer de
loin la sainte chapelle, et de dire du fond du
cœur à la Madone chérie : délivrez-nous, ô
bonne Mère, du joug sous lequel nous gémis-
sons.

Enfin l'orage se dissipa, et la religion put
rouvrir ses temples. Ce fut avec l'enivrement
de la joie que les populations de la contrée ap-
prirent le retour des fêtes de septembre et la

restauration de la statue vénérée dans sa niche d'or. On vit, au rapport de plusieurs témoins, un nombre prodigieux de pélerins accourir de toutes parts avec enthousiasme à Notre-Dame de Limoux. Il leur était enfin donné, après des temps si malheureux, de respirer le parfum qui s'exhale, dans ce vénérable sanctuaire, des autels de Marie, et d'épanouir leurs âmes aux douces influences de la piété. Ils étaient tout heureux de revoir ce sourire inexprimable de la Vierge, cette multitude d'*ex-roto*, de bâtons, de béquilles, de figurines en cire ou en argent, représentant des membres miraculeusement guéris. Tous ces objets, qu'ils retrouvaient appendus aux murs sacrés, comme autant de monuments des faveurs accordées à leurs pères par la bonne Vierge, ranimaient leur confiance en elle, et leur faisaient espérer qu'ils auraient part, eux aussi, à ses inépuisables bienfaits.

STATUE MIRACULEUSE DE N-D DE MARCEILLE

CHAPITRE IV.

Importance qu'a recouvrée Notre-Dame
de Limoux
depuis le rétablissement du culte en France.

Depuis la restauration du culte en France, la dévotion à Notre-Dame de Limoux s'est développée d'une manière sensible, et l'on a constaté avec bonheur l'accroissement progressif de la foule qui remplit, tous les ans, l'enceinte bénie. En 1835, lorsque le choléra envahit l'Europe et désola Paris pour venir ensuite expirer aux pieds des Pyrénées, la piété des fidèles pour Marie se manifesta dans notre contrée avec un enthousiasme extraordinaire. Aux fêtes de septembre, on vit accourir à Marceille des processions de tous les villages voisins. Le deuxième dimanche surtout, plus de

trente mille personnes y vinrent en dévotion.
Ce fut un magnifique spectacle. Tout le matin ,
la foule se pressa dans l'Eglise pour assister
au sacrifice de la messe et vénérer l'image miraculeuse de la Vierge, et le soir la ville fut
inondée d'étrangers. En 1855, c'est-à-dire après
que le choléra, qui était venu nous éprouver
de nouveau , eût cessé de moissonner dans nos
familles , plus de soixante mille personnes vinrent, pendant les trois semaines que dure la
fête, implorer Marie en faveur des victimes du
fléau , et la remercier de les avoir protégées
contre ses terribles effets.

Parmi les pélerinages du midi de la France ,
celui de Limoux est actuellement un des plus
fréquentés et des plus animés. La paternelle
sollicitude de l'autorité diocésaine , afin de seconder les manifestations d'une piété si touchante, a sagement permis que la fête du 8 septembre, qui ne durait autrefois que les 8 jours
de l'octave, fût prolongée jusqu'à la fin du
mois. Pour encourager le zèle des pélerins ,
le Souverain Pontife Pie IX, par une bulle datée

du 16 mai 1854, (*) a largement ouvert, en faveur de ce sanctuaire, le riche trésor des indulgences. Il a étendu l'indulgence plénière, attachée autrefois exclusivement à l'octave, par la bulle d'Alexandre VII, (**) à tous les jours du mois de septembre pour ceux qui, pendant ce temps, feront une fois la sainte communion dans l'Eglise de Marceille, (1) et il accorde une indulgence de trois cents jours à ceux qui, dans le courant de l'année, viendront la visiter et y prier.

La célébrité de ce pélerinage n'attire pas seulement les simples fidèles : tous les prêtres de la contrée voisine, quelquefois même ceux de l'extrémité du diocèse, viennent à l'envi y offrir les Saints-mystères, et rehausser par leur présence la pompe vraiment inouie des offices. (2) Leur

---

(*) Voir la note deuxième.

(**) Voir la note troisième.

(1) Dans le mois de septembre, on distribue la communion à un nombre très considérable de personnes. Dans le courant de l'année, un grand nombre viennent y remplir ce devoir de dévotion.

(2) Pendant toute la durée de l'octave, il y a chaque

affluence permet à tous les pélerins, même aux
plus attardés, d'assister au Saint Sacrifice, qui
se renouvelle sans interruption depuis 5 heures
jusqu'à midi. (1)

Les Evêques de Carcassonne se sont toujours
fait un honneur de s'associer aux démonstrations
de la piété publique envers Notre-Dame de Limoux. Nos Seigneurs de La Porte, de Gualy et
de Bonnechose manifestaient hautement combien
ils étaient heureux de compter au nombre de
leurs Eglises, celle de Marceille, si riche en miracles, et si propre à entretenir le culte de Marie.
Leur successeur, Mgr de la Bouillerie, ce zélé
protecteur de toutes les œuvres qui peuvent
ranimer la ferveur des fidèles, a fait éclater sa

---

jour grand'messe à dix heures, avec exposition du Saint-
Sacrement : le soir, à cinq heures, on chante complies
qu'on fait suivre de la bénédiction.

(1) Pendant l'octave, on dit quelquefois de 50 à 60
messes par jour ; pendant le reste du mois, on en dit
journellement de 20 à 25, et pendant les autres mois de
l'année, le nombre s'élève, en moyenne, de 5 à 6 par
jour.

tendre dévotion pour Notre-Dame de Limoux,
en assistant plusieurs fois pontificalement à la
solennité du 8 septembre. Les évêques de Carcassonne suivent en cela l'exemple des archevêques de Narbonne. Ceux-ci, appelés fréquem-
ment à Limoux en leur qualité d'évêques de cette
ville et de Seigneurs de Pieusse, honoraient
souvent de leur présence l'Eglise de Marceille.
La tradition a conservé surtout le souvenir
d'une visite pastorale qu'y fit Mgr de Fouquet,
le 19 juin 1641, et dont le procès-verbal, plein
de détails curieux sur les usages et la disposi-
tion intérieure de la chapelle, est conservé
dans les archives préfectorales de l'Aude. (*)
Les archevêques de Narbonne avaient même à
Limoux un palais qui existe encore sous le nom
d'*Officialat*, et tout porte à croire que le voisinage de Notre-Dame ne contribuait pas peu à
leur faire aimer le séjour de cette ville.

Ainsi donc, la dévotion à Notre-Dame de
Marceille est générale dans le diocèse de Car-

_____

(*) Voir la note quatrième.

cassonne. Depuis le simple fidèle jusqu'à l'Evêque, depuis le chrétien pieux jusqu'à l'homme indifférent ou impie, elle parle également à tous les cœurs, et réunit ainsi toutes les classes dans un même sentiment d'amour et de respect. Il n'est pas jusqu'aux militaires, ces hommes que leur profession et la vie des camps semblent éloigner des pratiques chrétiennes, qui ne se mêlent pieusement à la foule des pèlerins. Il n'en est pas un, parmi ceux qui ont été en garnison à Limoux, qui n'ait gravi plusieurs fois la sainte colline pour se recommander à la Madone, et chercher peut-être, dans la douceur de son sourire, une image de sa bonne mère qu'il regrette et qu'il n'espère plus revoir. Que de soldats, appelés en Algérie ou en Crimée, ont placé sur leur cœur, comme une puissante sauvegarde, la médaille de Notre-Dame de Marceille. Combien, en expirant sous le feu de l'ennemi, ont baisé avec transport ce pieux emblème qui leur rappelait les jours heureux passés à l'ombre du sanctuaire de Marie ! On a vu même des officiers supérieurs qui la portaient sur leur mâle poitrine, avec autant d'orgueil que la croix des braves gagnée au prix de leur sang.

Ce que l'on vient de dire prouve déjà l'importance actuelle du pélerinage de Nôtre-Dame de Limoux; (1) mais on en aurait pourtant une idée bien imparfaite si l'on ne savait ce qui s'y passe à l'époque de ses grandes fêtes. C'est alors surtout qu'éclatent, d'une manière à la fois touchante et solennelle, la dévotion, la reconnaissance et l'enthousiasme des peuples.

_____

(1) Le service de cette chapelle est fait par un aumônier spécial qui a son logement au pélerinage.

CHAPITRE V.

La veille, du 8 septembre à Notre-Dame de Marceille.

La veille du huit septembre commence pour l'Eglise de Notre-Dame de Marceille une série de jours pleins de vie et d'animation : de tous côtés, ce sont des tentes qui se dressent pour l'étalage des médailles et des chapelets ; (1) et des magasins qui s'improvisent pour offrir aux pèlerins les friandises et les divers gâteaux en renom dans le pays.

L'Eglise, parée de ses plus beaux ornements, reste cette nuit, comme toutes les nuits qui précèdent les dimanches suivants jusqu'à la fin du mois, ouverte aux fidèles venus de loin, et dont la piété regarderait comme perdu le temps donné au sommeil. Les uns prient dévotement au-

---

(1) Les chapelets et les médailles se vendent plus particulièrement dans une des sacristies. Ces objets sont indulgentiés et passés sur l'image vénérée.

MILLE MALI SPECIES
VIRGO LEVAVIT AQUA

FONTAINE MIRACULEUSE EN DER MARSEILLE

près de la statue ; les autres font pieusement le chemin de la croix, tandis que plusieurs chœurs de jeunes filles chantent alternativement des hymnes et des cantiques à la gloire de Marie.

Une pratique des plus édifiantes, propre à ce pélerinage et capable d'impressionner jusqu'aux larmes ceux qui en sont les témoins , c'est l'ascension de la côte. Au pied de la sainte colline, et à la distance de plus de deux cents mètres de l'Eglise, commence la voie sacrée, qu'on pourrait justement appeler *scala sancta*, à cause de sa ressemblance avec une échelle. Cette côte est pavée comme le sont nos rues et coupée par intervalles égaux de cinquante-deux pierres taillées, ce qui lui donne encore l'aspect d'un immense rosaire.

Si, le 7 septembre, vous venez à Notre-Dame de Marceille , vers les huit heures du soir, vous y jouirez du plus touchant spectacle. Vous verrez une multitude de pélerins de tout âge et de tout sexe , qui , récitant des prières et marchant sur leurs genoux, se traînent péniblement, à travers les aspérités de la côte , vers l'Eglise qui

**

la couronne. Trois heures leur suffisent à peine
pour parvenir au terme désiré.

A l'entrée de cette voie , comme un souvenir
du chemin du calvaire , s'élève une croix aux
pieds de laquelle le pélerin vient se recueillir
et s'armer de la force nécessaire pour accom-
plir la douloureuse ascension. A peu près à mi-
côte , on rencontre la fontaine miraculeuse, portant sur son fronton l'inscription suivante , gra-
vée en lettres d'or sur le marbre : *mille mali
species Virgo levavit aquâ* Cette fontaine a pour
caractère spécial de ne couler toujours que goutte à goutte, et de guérir par la vertu de son eau,
comme le dit l'inscription , mille maux différents. Là le pélerin suspend sa marche, fait
pieusement ses ablutions, puise l'eau merveil-
leuse qu'il destine à ceux de ses parents ou de
ses amis que la vieillesse et les infirmités retien-
nent au logis , et animé d'une confiance nouvelle , il reprend avec plus de courage la route
qui doit le conduire auprès de l'image bénie.
Ses vœux sont enfin remplis : le voilà sous le
regard si doux de cette bonne mère. Semblable

à l'enfant, à qui les caresses maternelles font oublier le sujet de ses douleurs, lui aussi, dans les épanchements de l'amour et de la reconnaissance, ne pense plus aux fatigues de son laborieux voyage.

CHAPITRE VI.

Le 8 septembre à Notre-Dame de Marseille.

Le 8 septembre le spectacle est plus grandiose encore : la foule arrive plus nombreuse et plus animée. Ce sont des flots de peuple qui débouchent par tous les chemins et tous les sentiers, affluant vers l'Eglise ; le coup d'œil est vraiment magique, lorsque, du haut du plateau, on contemple ces lignes formées dans la campagne par ceux qui viennent et ceux qui repartent ; on dirait des banderoles aux mille couleurs qui se détachent sur la verte pelouse.

Cependant la scène la plus touchante se passe dans l'intérieur de l'Eglise. Après avoir entendu la sainte messe, les fidèles se pressent autour de la niche pour y baiser la statue vénérée, et y déposer leurs offrandes. Le riche et le pauvre semblent rivaliser de générosité. Les dons consistent d'ordinaire en des pièces de monnaie d'or et d'argent ; mais c'est aussi quelquefois la chaîne précieuse, symbole d'une heureuse union, que la femme détache de son cou ; les boucles, que la jeune fille ôte de ses oreilles, et l'anneau qu'elle tire de son doigt ; la jeannette ou la croix d'or, héritage de sa famille, que la bonne villageoise dépose aux pieds de la Madone, en poussant un soupir ou en essuyant une larme. Quel spectacle émouvant pour l'observateur qui se prend à étudier le contraste des physionomies, et à démêler les divers sentiments des âmes ! Les uns laissent comprendre, à la joie qui rayonne sur leur front, qu'ils viennent remercier la bonne Vierge d'un bienfait déjà reçu ; la tristesse et les larmes des autres annoncent qu'ils réclament une grâce ou un secours pour un danger imminent. Tous, les yeux amoureusement attachés sur l'image sainte, parée de sa robe d'or qu'enrichissent mille objets précieux dont on lui a fait hommage, s'écrient pieusement, dans une naïve admiration :

oh ! qu'elle est belle ! Oui, il y a là quelque chose
de si touchant, de si religieusement solennel ,
qu'il est impossible de ne pas avoir, en se reti-
rant, des pensées de foi plus vives et des désirs
de conversion plus arrêtés. O Marie, voilà vos
œuvres ! ce sont là de ces miracles de votre protection, trop souvent ignorés parce qu'ici tout
est intérieur ; de ces prodiges de la grâce , qu'on
ne peut consacrer dans des actes authentiques,
mais qui sont écrits de la main de Dieu même
dans le grand livre de vie.

Ces scènes si touchantes ne se produisent pas
seulement le jour de la nativité de la Ste-Vierge,
les dimanches de septembre et tout le mois que
dure la fête ; on peut les voir se renouveller, avec
moins d'éclat sans doute, tous les jours de l'année. Il n'en est presque pas où des familles en-
tières de la ville ou des campagnes voisines,
quelquefois même des diocèses étrangers, ne
viennent, accompagnées d'un prêtre, solliciter
la protection de Notre-Dame de Limoux. Un
jour, on voit arriver une longue file de jeunes
garçons et de jeunes filles, en habits de fête et

parés de blanches couronnes ; avec eux est un
prêtre vénérable. La veille, ce bon pasteur a
distribué le pain de vie à cette jeune génération,
et il vient aujourd'hui la consacrer à la puissante
Reine du ciel. Un autre jour, c'est un groupe
de jeunes gens et de jeunes personnes, au front
serein et joyeux, faisant cortége à des amis qui
hier se sont unis par le lien du mariage, et qui
viennent, eux aussi, prier la bonne Vierge de
bénir leur union. Tantôt ce sont des sociétés
d'hommes, (1) des corporations d'ouvriers qui, le
jour de leur fête, montent dévotement au pieux

---

(1) Parmi les Sociétés qui vont faire chaque année leurs
dévotions à Marceille, on remarque surtout la confrérie
de St-Roch, l'une des plus anciennes de Limoux. Elle y
monte, au son des fifres et du tambourin, en jouant un
air fort ancien qu'on a appliqué à une poésie patoise dont
voici le refrain :

> Qui bol an'à Marceillo,
> Qué sé lèbé boun mati.

En tête marche un Sociétaire, portant triomphalement
un mât d'où pendent des branches de laurier et des gâteaux bénîts.

sanctuaire, pour se mettre sous la protection
de la mère de Dieu. Tantôt enfin, c'est une
paroisse tout entière venant, bannière dé-
ployée, supplier Marie de faire cesser le fléau
qui désole ses campagnes, ou la contagion qui
décime ses familles. Pendant les trois jours des
rogations, le pélerinage prend, pour ainsi dire,
la physionomie que lui donnent ses grandes
fêtes. Tout s'anime sur le plateau. Les curieux
arrivent en foule pour voir ces processions ma-
tinales et si pleines de poésie, qui viennent tour-
à-tour de la ville et des campagnes prochaines,
afin d'appeler, par l'intercession de Marie,
les bénédictions du ciel sur les fruits de la
terre. (1)

_____

(1) Voici l'ordre des processions qui vont à Marceille
pendant les rogations : le 1er jour, celle de St-Martin de
Limoux; le 2e jour, celle de Notre-Dame de la petite ville,
et le 3e jour, celle de Pieusse.

CHAPITRE VII.

Des faveurs accordées par Notre-Dame de Limoux, et de quelques miracles opérés dans son Sanctuaire.

Pourquoi ce recours journalier à Notre-Dame de Marceille? Pourquoi ce concours si empressé auprès de ses autels? C'est que dans tous les siècles, Marie s'est plu à y répandre ses faveurs. Notre-Dame de Marceille est la sauvegarde de la contrée. Qu'un malheur ou quelque danger semble près d'éclater, on voit les populations se tourner aussitôt vers elle, comme vers une protectrice assurée. Son nom vient, pour ainsi dire, avant le nom de Dieu sur les lèvres de l'homme en détresse ou aux prises avec la douleur. Que de fois n'a-t-on pas vu de ces prétendus esprits forts, qui rougissent du si-

gne du chrétien , qui peut-être n'ont jamais as-
sisté aux saintes cérémonies de leur paroisse ,
s'agenouiller humblement sur la pierre du temple vénéré , et y entendre , profondément re-
cueillis, la messe que fait dire leur famille. C'est
que la religion du souvenir est puissante ; c'est
que dans leur enfance une mère pieuse leur a
appris à bénir le doux nom de Marie ; c'est qu'en
les berçant sur ses genoux, elle leur a dit : mon
fils , il faut l'aimer, cette bonne mère. Il y a là
bas , près de Limoux, une antique Eglise où elle
se plaît à faire des miracles. Un jour un de vos
aïeux était sur le point d'être ravi à une famille
en pleurs, par une maladie cruelle; un autre allait voir son navire disparaître sous les coups
d'une tempête affreuse : ils invoquèrent Notre-
Dame de Marceille , et le danger s'éloigna et ils
furent conservés à leur famille.

C'est ainsi que la tradition reconnaissante ra-
nime la confiance des peuples, et perpétue d'âge
en âge le souvenir des prodiges opérés dans ce
sanctuaire. Malheureusement le ravage des
temps a fait périr les monuments sacrés que nos

pères nous avaient transmis, comme témoignages authentiques de ces prodiges. Il reste seulement certains tableaux sauvés du naufrage, des faisceaux de bâtons et de béquilles suspendus aux murs de la chapelle, et qui semblent dire : autrefois nous étions un appui pour l'infirme, mais Marie a parlé, et nous sommes devenus des instruments inutiles. Le plus remarquable des tableaux conservés est du 17e siècle. Il représente un incendie qui éclata le 15 septembre 1685, dans le quartier de la Trinité à Limoux ; déjà plusieurs maisons étaient devenues la proie des flammes, lorsque, les consuls ayant fait un vœu à Notre-Dame, le feu qui menaçait d'envahir la ville entière, s'arrêta subitement. Sébastien Macoin, de Carcassonne, est l'auteur de cette peinture qui coûte à la ville une somme de 112 livres 12 sols. La reconnaissance des habitants encore émus de ce prodige, l'a fait placer au-dessus de la niche de la Madone.

Nul doute donc que Marie n'ait, dans tous les temps, opéré des miracles dans ce sanctuaire, comme elle y en opère de nos jours. Il n'est pas

d'année où l'on n'entende parler de quelque
guérison miraculeuse, de quelque grâce signalée,
obtenues par son entremise. Que de maladies
réputées incurables , que d'óphtalmies, que
de cancers n'ont ils pas été guéris , il n'y a pas
longtemps encore, par la vertu de l'eau de la
fontaine miraculeuse !

Un miracle, dont nous avons eu le bonheur
d'être nous-mêmes témoins, puisqu'il s'est ac-
compli dans l'année 1854, c'est la guérison
d'une femme percluse de ses deux jambes.
L'affaiblissement de sa raison et surtout la mi-
sère lui avait fait obtenir une place dans l'établissement des aliénés, à Limoux, dirigé par les
Dames de St-Joseph de Cluny. Les médecins,
après lui avoir prodigué tous les soins possi-
bles, la reléguèrent parmi les incurables, et la
pauvre femme dut se résigner pour toujours à
ne se mouvoir qu'en se traînant sur ses bras.
Cependant une pensée vint lui rendre tout-à-
coup l'espérance que les hommes lui avaient
ôtée. Si l'on voulait, disait-elle un jour, me
faire porter à Notre-Dame de Marceille, je suis

assurée qu'elle me guérirait. On fit semblant de
ne pas entendre ; mais, comme ses instances
devenaient de jour en jour plus vives, les sœurs
se décidèrent enfin à la transporter au pieux
Sanctuaire. Déposée auprès de l'autel de Marie,
elle entend dévotement la sainte messe. Soudain,
au grand étonnement de la foule, la malade se
dresse sur ses jambes, s'avance seule et d'un
pas ferme vers la niche, et se prosterne profondément pour adresser une prière à la Ste-Vierge.
Un instant après, elle se relevait en se livrant
à des transports de joie et aux sentiments de la
plus vive reconnaissance. L'émotion était à son
comble ; tous les yeux se portaient, avec admiration, de la femme, objet du miracle, vers
la sainte image de Marie, et les voûtes de
l'Eglise retentissaient de pieuses acclamations.
Cependant les sœurs, suivies de la foule attendrie, ramenèrent l'heureuse femme à l'établissement, et les médecins, après avoir constaté
que la guérison était parfaite, déclarèrent so-
lennellement qu'une puissance surnaturelle avait
pu seule produire un changement si spontané.

Une guérison plus récente encore, et non moins miraculeuse, obtenue par l'intercession de Notre-Dame de Limoux, est celle d'une demoiselle d'Orthez, nommée Victoire Loret. Percluse d'une jambe depuis 8 ans, elle ne pouvait se donner du mouvement qu'à l'aide de deux béquilles, et elle était obligée de garder presque toujours le lit. La supérieure des religieuses de Mailhac, établies à Pieusse, désirant la guérison de cette pauvre demoiselle qui était son amie, lui envoya une bouteille de l'eau de la fontaine de Marceille, lui recommandant d'en boire un peu chaque jour et de s'unir à elle pour une neuvaine qu'elle allait commencer à Notre-Dame. La neuvaine était à peine terminée que la malade se trouva complètement guérie, et depuis cette guérison vraiment miraculeuse, qui date du mois de février 1858, elle marche sans la moindre douleur.

La paroisse de Pieusse semble devoir au voisinage de Marceille une protection plus marquée de la part de Notre-Dame. Aussi n'est-il pas rare d'y voir des guérisons où il est impossible de ne pas reconnaître sa puissante intervention. Deux surtout, arrivées à peine depuis quelques années, sont dues évidemment à la Ste-Vierge. Un enfant de la famille B.. était né avec des yeux difformes et n'ayant aucune trace d'iris; ses parents le voyaient grandir avec la douloureuse conviction qu'il serait toujours aveugle; car toute la science de la médecine avait été inutile. Cependant la mère désolée tourne ses regards vers Notre-Dame de Marceille, et, pleine de confiance en sa puissante intercession, elle prie M. le Curé de lui dire une messe dans la chapelle miraculeuse. La confiance de cette pieuse femme ne fut pas trompée. Les yeux de l'enfant prirent peu-à-peu la forme naturelle, l'iris se forma, et depuis il jouit d'une vue parfaite. Frappé d'une guérison si inattendue, le père de cet enfant, dont la vie n'avait pas été jusques-là fort chrétienne, est revenu sincèrement à Dieu, et il édifie la paroisse par sa piété.

L'autre guérison, est celle de la petite Eugénie C.... Cette enfant, âgée de 6 à 8 ans, était à peu près percluse de ses deux jambes, et marchait avec la plus grande difficulté. La supérieure du couvent, touchée de son triste état, eut l'idée de la faire porter à Notre-Dame et de la recommander à sa maternelle tendresse. Marie prouva une fois de plus que la foi et la confiance touchent toujours son cœur. L'enfant n'eut pas plus tôt bu de l'eau de la fontaine miraculeuse, qu'elle se sentit soulagée, ses jambes se fortifièrent peu à peu, en sorte qu'elle marche aujourd'hui parfaitement, à la grande admiration de toute la paroisse, qui n'a pu s'empêcher de faire hommage à Notre-Dame de Marceille de cette guérison extrordinaire.

Telles sont l'origine et l'histoire de ce pélerinage perdu dans un coin reculé de la province, loin des grands centres de population, tirant tout son éclat de lui-même, n'empruntant rien à la modeste ville qui l'avoisine, et uniquement recherché à cause de la prédilection de Marie, qui ne cesse d'y révéler sa bonté et sa puissance. Il n'en est pas de lui comme des pélerinages de Notre-Dame de Fourvières, à Lyon, et de Notre-Dame de La Garde, à Marseille. Faut-il s'éton-

ner si leur nom est connu de la France entière?
Ne sont-ils pas associés aux destinées et à la
renommée de deux grandes villes résumant en
elles toutes les gloires de la religion, de l'indus-
trie et du commerce? Mais si Notre-Dame de
Marceille ne peut rivaliser avec ces pélerinages
célèbres par les avantages de la position, ou bien
encore par l'étendue et la magnificence des horizons, elle l'emporte du moins sur eux par la
beauté de son Eglise.

CHAPITRE VIII.

Description de l'Eglise de Notre-Dame de Marceille.

On ne sait rien sur l'architecture de la chapelle primitive. Cet oratoire, qui n'avait sans
doute pour lui que son antiquité, a été rem-
placé dans le quinzième siècle, par un monument digne de la piété de nos pères, et de
l'auguste protectrice qu'ils voulaient honorer.
Le millésime, gravé sur un des côtés de l'entrée, en fait remonter la fondation à 1488. C'est
du reste l'époque indiquée par le style de son
architecture. Le plan en est vaste et grandiose;
il présente la forme d'une croix latine de 40 mètres de longueur sur 17 de largeur, dirigée de
l'orient vers l'occident. Du côté méridional est
la porte principale, précédée d'un porche

dont l'élégance attire l'attention des. connaisseurs. (1) De chacun de ses angles s'élancent
gracieusement deux faisceaux de colonnettes,
qui vont se perdre dans le cul de lampe d'une
voûte ogivale. La porte est divisée par un pi-
lastre, au-dessus duquel on admire une belle
statue de la Vierge, soutenue par un socle et
surmontée d'un joli clocheton; à la hauteur
de la tête sont deux adorateurs, tenant un en-
censoir à la main. Ce groupe est artistement
sculpté sur la pierre, et forme, dans son ensemble, une croix du style le plus harmonieux.

L'intérieur de l'Eglise répond à la beauté du
dehors. La nef est vaste, et la voûte se compose
de plusieurs travées, formées par des arcs en

---

(1) Sur le frontispice du porche on lit cette inscription:
Arrête, voyageur, *adore Dieu et invoque Marie;* et sur
les côtés, les vers suivants :

> Fille sans tache, Vierge-mère,
> Que l'Eternel combla des dons de son amour,
> Près de lui, près de toi, fais-nous, par ta prière,
> Habiter à jamais le céleste séjour.
>
> O Jésus, nous avons mérité ton courroux;
> Suspends l'arrêt de ta justice;
> Efface de nos cœurs, pour habiter en nous,
> Toutes les souillures du vice.

ogive ornés de nervures. Le sanctuaire surtout présente une forme imposante. C'est un
hémicycle dont le maître-autel occupe le centre;
à droite et à gauche, on voit deux petites chapelles dédiées, l'une à Ste-Croix, et l'autre à
St-Michel. Deux autres chapelles forment les
bras de la croix : l'une d'elles, dédiée à la Ste-
Vierge, renferme la statue miraculeuse entou-
rée de magnifiques reliefs en bois doré; l'autre,
c'est la chapelle de St-Joseph, non moins digne
d'attention par la richesse de ses bas-reliefs.
Ainsi, cinq autels forment le sanctuaire que sé-
pare de la nef une très belle balustrade en
marbre rose.

A une époque de mauvais goût, on a passé
au porche un badigeon qui en déprécie la beauté. Les trois fenêtres de l'abside, d'abord longues et élancées, ont été réduites à des propor-
tions qui sont peu en harmonie avec le reste de
l'édifice. Sur les murs latéraux, on a recouvert
les arêtes des arceaux avec de gros pilastres car-
rés, surmontés de chapiteaux et d'un entablement dont l'effet contraste mal avec le style de

l'Eglise. Toutes ces œuvres hétérogènes ten-
dent à disparaître chaque jour, grâce à l'administration sage et intelligente qui a pris à cœur
de rendre cette église à son style et à son état
primitifs.

Après cette description générale de l'Eglise ,
il sera peut-être agréable au lecteur d'avoir
quelques détails sur les bas-reliefs des chapelles et des autels. Ceux de la chapelle où
se trouve la Madone miraculeuse représentent,
à droite, la naissance de la Sainte-Vierge; on
y voit Sainte-Anne dans son lit, recevant les
félicitations et les embrassements de ses amies;
puis ce sont des femmes occupées à laver dans
un bassin le corps de l'enfant; plus loin, devant une cheminée, d'autres personnes chauf-
fent le linge qui doit envelopper le petit corps.
A gauche, c'est la présentation de la Ste-Vierge
au temple. On voit une jeune enfant qui monte
les degrés du sanctuaire, et le grand-prêtre qui
l'attend les bras ouverts. Les parents et des
amis assistent à cette scène, et du haut du ciel
des anges paraissent contempler la pieuse

enfant. Ces bas-reliefs sont composés d'arabesques, de fleurs, de figurines dorées et
parfaitement sculptées. Le tout forme autour de
la niche un ensemble des plus gracieux. On voit
que nos pères n'ont rien négligé pour l'ornemen-
tation de cette chapelle. L'autel et son entablement sont aussi très riches d'ornements et de
sculptures. L'autel est en beau marbre blanc,
supporté par quatre consoles sculptées avec une
finesse exquise. Au-dessus sont des colonnes
torses, ornées de pampres et de raisins ; au dire
des connaisseurs, l'artiste qui les a sculptées est
du premier mérite. Dans le haut, paraît la grande
figure du père éternel, tenant de la main gauche
la boule du monde, et levant la droite comme
pour répandre des bénédictions. Sur les côtés
sont deux génies, portant les insignes de la pas-
sion. Au milieu de ce grandiose entablement,
est une niche dans laquelle on voit une statue
de la Vierge pressant amoureusement sur son sein
le divin enfant endormi ; sur le socle où elle se
tient debout, on remarque deux têtes de Ché-
rubins, et au milieu le monogramme de la Vierge.

Enfin , un très joli tabernacle et de beaux candélabres complètent l'embellissement de cet autel.

A la chapelle de St-Joseph est une niche renfermant un buste et des reliques de St-Loup , évêque de Troyes. Sur les côtés sont deux bas-reliefs en terre cuite représentant deux traits de la vie de ce saint, et assez remarquables par leur exécution. Dans celui de gauche, on voit deux monastères, l'un d'hommes et l'autre de femmes ; l'abbesse et l'abbé sont sur la porte, et deux personnages semblent leur demander une grâce. C'est St-Loup et son épouse qui , s'étant séparés d'un commun accord , demandent à entrer en religion. Celui de droite rappelle ce beau trait de la vie de St-Loup , lorsque , entouré de son clergé , il vint conjurer Attila , le fleau de Dieu, d'épargner son peuple. Touché des discours et de l'attitude du saint évêque, le terrible conquérant semble ordonner à ses guerriers de s'éloigner de Troyes. Il est à regretter que des hommes plus barbares que les hordes du farouche Attila , n'aient point respecté ces objets d'art, qui portent les marques de nombreuses mutilations.

Le maître-autel, du style Louis XV, se distingue par la richesse et le fini des sculptures. C'est une combinaison de colonnettes et de plaques en marbre, encadrées d'arabesques et de guirlandes de fleurs en bois doré. Sur le tabernacle s'élève un petit baldaquin, avec un groupe d'anges qui paraissent voltiger autour du Saint-Sacrement, quand il est exposé. Le tout est dominé par une colossale statue de la Ste-Vierge présentant l'enfant Jésus. A droite et à gauche sont les statues de Saint-Pierre et de Saint-Paul. Les bas-côtés de l'abside sont ornés de bas-reliefs en plâtre, qui ne manquent pas de mérite. A la droite de l'autel, on voit l'adoration des Mages. Ces personnages couronnés offrent à genoux des présents au divin enfant; à gauche c'est le repos de la Sainte Famille en Egypte. La Ste-Vierge est assise, tenant l'enfant sur ses genoux; St-Joseph paraît indiquer de la main que le lieu de leur destination n'est pas éloigné; un ange tient l'âne par le

licol, et d'autres anges se jouent sur des branches d'arbre. De côté et d'autre, ces bas-reliefs
sont encadrés par des faisceaux de branches de
palmier, sur lesquelles montent et s'entrela-
cent des anges aux chairs potelées et dont toutes les postures ont une grâce infinie. (1)

La chapelle qui se trouve entre celle de la
Vierge et le maître-autel est dédiée à Ste-Croix.
L'autel et son entablement sont d'un style grec.
Il en est de même de la chapelle dédiée à l'Ar-
change-Michel, placée entre celle de St-Joseph
et le maître-autel. (2)

La chaire, toute dorée, est richement ornée
de sculptures. Dans les panneaux qui forment
le pourtour, il y a des médaillons finement
travaillés qui rappellent différents traits de la
vie de la Ste-Vierge.

----

(1) En 1859 on a commencé les travaux de restauration. L'abside est entièrement dégagée de ces décorations
étrangères au style et enrichie de peintures. Les fenêtres
sont rendues à leurs dimensions premières et ornées de
magnifiques vitraux.

(2) Ces deux chapelles ont repris leur style primitif.
On y remarque deux autels en pierre richement décorés.

Tout autour de l'église, on voit de grands tableaux représentant aussi des circonstances de la vie de la Sainte-Vierge. Il en est un qui ne doit pas être passé sous silence : il représente l'ermite Saint-Antoine dans une grotte éclairée par une lampe et par un rayon de la lune; il est d'un effet saisissant. La hardiesse du coloris et la fermeté du dessin, décèlent un grand maître. On peut citer encore un Chemin de Croix en bas-relief avec encadrement gothique, et en parfaite harmonie avec l'ensemble du monument.

En 1856, on a placé au fond de l'église une orgue. Cet instrument, âme des offices et des solennités, manquait à ce sanctuaire, dont le vaisseau possède une acoustique remarquable. Il y produit un très bel effet.

Il y avait autrefois dans l'église un puits entouré de quatre grandes plaques en marbre rouge. Au-dessus on lisait ce distique :

Hic puteus, fons signatus ; parit unda salutem,
Æger, junge fidem ; sic bibe, salvus eris.

Une forte chaîne en fer, roulant sur une poulie de même métal, montait et descendait deux seaux. Ce bruit troublant la piété des fidèles, on jugea à propos de conduire l'eau au dehors au moyen d'une pompe. C'est là que les pèlerins vont étancher leur soif, et boire cette eau bénie avec une grande confiance.

CHAPITRE IX.

Catalogue des principaux ex-voto que renferme la chapelle de la statue miraculeuse.

Quiconque a visité les sanctuaires des pélerinages fameux, avouera que ce qui l'a touché
le plus vivement, c'est la multitude des *ex-voto*
qui en couvre les murs. C'est là aussi ce qu'on
éprouve à Notre-Dame de Marceille. Parmi les
ex-voto qu'on distingue dans la chapelle de la
statue miraculeuse, on doit citer, en première
ligne, le grand tableau posé au-dessus de la niche. Il rappelle comme on l'a déjà dit, le souvenir d'un terrible incendie dans le quartier de
la Trinité, à Limoux. On y représente une immense procession, où se trouvent, avec le clergé
et les capitouls, tous les habitants de la Ville.
Le curé porte le très Saint-Sacrement, et donne

la bénédiction en présence du fléau dévastateur.
Dans les nues on aperçoit la Ste-Vierge et
l'enfant Jésus, devant lesquels la fumée et la
flamme semblent s'évanouir. Ce tableau porte
cette inscription : « Vœu fait à Notre-Dame
de Marceille par M. Marc-Antoine de Peyre,
président et juge-mage de Limoux, et MM. les
Consuls, à l'incendie arrivé audit Limoux, le
15 septembre 1685. »

Au-dessus de ce grand tableau, encore sur
la niche, il y en a un petit, représentant un malade dans son lit, et son épouse assise à son che-
vet. Au fond de l'appartement on aperçoit
l'image de la Vierge. Il porte cette inscription :
« ex-voto : Antoine Sicre, natif de Limoux, se
trouvant à Cadix (Espagne), fut attaqué, le 20
septembre 1819, de la fièvre jaune qui rava-
geait la ville, et, au moment de se coucher,
s'étant recommandé à Notre-Dame de Marceille, il eut le bonheur de recouvrer la santé,
grâce à sa sainte protection, après trois re-
chutes dans cette maladie mortelle, et être resté
60 jours dans le lit. »

Un autre représente un ecclésiastique à genoux devant la fontaine de la sainte côte. Dans
le nuage on voit l'image de la Vierge. Il porte
cette inscription : « François Régnault, natif
de Sédan, diocèse de Rheims, clerc tonsuré,
sacristain de la paroisse de St-Martin, de Limoux, affligé d'un cancer au visage, qui le dé-
figurait, et que les médecins avaient déclaré
incurable, plein de confiance, vint à Notre-
Dame de Marceille. Ayant lavé son mal plusieurs
fois avec l'eau de la fontaine qui est au bas de
la sainte Chapelle, fut, en douze jours, radica-
lement guéri, l'an 1740, le jour de St-Bernard ;
et pour perpétuer la mémoire de ce miracle, il
fit faire un tableau, l'an 1750, de l'approbation
de M. de Guerguil, grand archidiacre et vicaire
général de Narbonne. »

Dans un autre, on voit un navire qui sombre
et des matelots occupés à porter secours aux
naufragés. On y lit cette inscription : « Dans
le mois de septembre 1756, Louis Luc, de Limoux, étant dans les troupes franches, sur
l'*Hercule*, navire de 64 canons, commandé par

M. de Villarzel, chef de l'escadre mouillée à l'embouchure du port de Mahon, en danger de submerger, se recommanda à Notre-Dame de Marceille et fut sauvé. »

Un autre représente un intérieur de Notre-Dame, avec des échafaudages et des ouvriers occupés à faire la voûte. L'un d'eux ayant fait un faux pas, tombe et paraît suspendu en l'air. Ce tableau porte l'inscription suivante : « J.-P. Guiraud Fadome, âgé de 20 ans, natif de Béziers, travaillant à la réparation de l'église de N.-D. de M., tomba, le 25 août 1785, de l'étage qui est à la naissance de la voûte, 88 pieds d'élévation, sans se faire aucun mal. Il rend grâces à Dieu et à la Vierge de cet évènement miraculeux. »

Dans un autre, c'est une femme en prières. Dans les airs on voit l'image de la Vierge et le divin enfant. Il porte cette simple inscription : « *Ex-voto* de Marguerite Pascal, 1782. »

Un autre représente un combat de deux chiens, et un homme qui semble avoir été renversé par le choc des combattants. La Vierge

paraît dans le Ciel en signe de protection. On
y lit cette inscription : « Le sieur Télinge, co-
propriétaire des bâtiments de N.-D. de M.,
deux gros chiens qui se battaient lui ayant fait
faire une chute, le 3 octobre 1809, se foula les
nerfs de la jambe et cuisse droite. Souffrant de
si fortes douleurs qu'il ne pouvait dormir, après
deux mois de la plus cruelle souffrance, il fit
un vœu à N.-D. de M., et s'endormit pendant
trois heures. A son réveil il ne sentit que des
douleurs momentanées, et obtint une prompte
et parfaite guérison. »

Dans un autre, on voit une procession de
villageois gravissant la montée de la chapelle.
On y lit l'inscription suivante : « *Ex-voto* des
habitants de Magrie. Affligés d'une maladie
contagieuse, en 1816, ils vinrent en procession
à N.-D. de M., se mirent sous sa protection,
et quelque temps après la maladie cessa. »

Un autre représente une vue de la chapelle
et un homme à genoux devant la fontaine. Il
porte cette inscription : « L'an 1751, Jean
Vidal Lafacture, maître pareur, de Limoux, se

trouvant affligé d'une paralysie au bras et à la jambe, se lava avec l'eau de la fontaine, et s'étant recommandé à N.-D. de M., il a été guéri miraculeusement. »

Dans un autre, c'est une chambre de malade, et une famille éplorée autour d'une table. On y lit : « Le sieur Jean Foulquier, de Limoux, maître carrossier, à Paris, atteint d'une maladie dont on désespérait la guérison, ses père et mère le mirent sous la puissante protection de la Ste-Vierge, et fut miraculeusement guéri, au mois de septembre 1824. »

Dans un autre, on voit une chambre avec deux lits, où sont deux malades. Il porte cette inscription : « Madame la marquise d'Hautpoul a été guérie par l'intercession de la Ste-Vierge. »

« Madame d'Aussillon a été guérie d'une dangereuse maladie, par l'intercession de la Ste-Vierge, étant à toute extrémité de vie, 1762. »

Un autre représente une chambre de malade et un homme à genoux devant une apparition de la Vierge. On y lit : « J. Déjean Trébule, marchand cordier, de Limoux, ayant sa femme à toute extrémité, fit vœu à N.-D. de M., 1690. »

Dans un autre, on remarque un cavalier et une dame à genoux, en pleine campagne, devant une apparition de la Vierge. Il paraît fort ancien, mais il ne porte pas d'inscription.

Il y a aussi un *ex-voto* fait en paille, et représentant un ecclésiastique priant devant la fontaine. Il ne porte pas non plus d'inscription.

Un autre représente un homme malade dans son lit, assis sur son séant, et recueilli devant une apparition de la Vierge. On y lit : « Vœu de François Labuzeille, fait à Versailles, 1740. »

Ailleurs c'est une jeune personne sur son séant, dans son lit, et en admiration devant une apparition de la Vierge. Aux pieds du lit, sont à genoux une religieuse de St-Joseph de Cluny et une élève du pensionnat, sœur de la jeune malade. Ce tableau ne porte pas d'inscription. Il a été donné par une famille notable de la ville, après la guérison miraculeuse de sa demoiselle.

Dans un autre, on voit l'enfant Jésus debout sur les genoux de sa mère, et donnant un chapelet à une jeune personne. On y lit cette inscription : « Don fait à N.-D. en reconnaissance d'une grande grâce, 25 mars 1841. »

Un autre représente la Ste-Vierge portant sur ses genoux le cadavre sanglant de son divin fils. On y lit : « Don fait à N.-D. en reconnaissance d'une grande grâce obtenue en 1835. »

Ailleurs c'est une malade dans son lit et un homme en extase devant une apparition de la Vierge. Il porte cette inscription : « Vœu fait par le sieur Louis-Jean-Pierre Serny, habitant de la commune de Caudeval, canton de Chalabre, ayant été affligé pendant 14 ans environ d'une colique pituiteuse et bilieuse, s'étant recommandé à N.-D. de M., a été miraculeusement guéri, 1847. »

En face de l'autel de la Vierge, on voit un grand et beau tableau représentant Ste-Thérèse donnant le scapulaire à une novice carmélite. La Ste-Vierge et l'enfant Jésus paraissent, dans les airs, entourés d'un chœur d'Anges jouant de divers instruments. Il a été donné en 1838 par une jeune personne qui, ayant obtenu de très grandes grâces par l'intercession de N.-D., s'était faite carmélite.

On y voit aussi quelques portraits au daguerréotype, donnés par des personnes qui ont obtenu des guérisons miraculeuses; et beaucoup d'*ex-voto* sans représentation de peinture, avec des inscriptions assez longues, rappelant le souvenir de grâces extraordinaires.

Tels sont les principaux *ex-voto* qu'on voit dans la chapelle; ils en sont, sans contredit, le plus bel ornement, bien qu'elle soit si remarquable à tant d'autres titres. Monuments de la foi et de la reconnaissance des fidèles, ils montrent ce que nous pouvons attendre de Notre-Dame de Limoux, si nous allons à elle avec une entière confiance. Ils sont à la fois, et le témoignage authentique des faveurs qu'elle s'est plu à répandre sur ceux qui l'ont invoquée, et le gage assuré de celles que nous réserve son inépuisable bonté. C'est par eux que nous terminons cette notice, priant Marie d'avoir égard à notre bonne volonté, et de nous pardonner d'avoir raconté d'une manière si imparfaite les gloires de l'un de ses plus chers Sanctuaires. Puissent aussi, ceux qui la liront, considérer seulement l'intention qui nous a dirigé, et se rappeler, en faveur de notre œuvre, l'inscription qu'on lit sur la statue miraculeuse qui en est l'objet : *Nolite me considerare quod fusca sim.*

Notre-Dame de Marceille,

Priez pour nous.

NOTES.

I.

Voici les principales sources où l'on a puisé pour rédiger cette notice :

1. Archives de l'hôtel de ville de Limoux.

2. Archives de la Préfecture de l'Aude.

3. Réglements et sentences consulaires de la ville de Limoux.

4. M. De Guiraud Alexandre, de l'Académie française. Poëmes et chants élégiaques (note sur le poëme d'Isaure).

5. Fonds-Lamothe. Notices historiques sur la ville de Limoux.

6. Notice historique sur la Chapelle de Marceille, publiée par M. le docteur Buzairies, dans le *Journal de Limoux*, 1858.

7. Procès-verbaux relatifs aux diverses cessions qui ont été faites successivement de la chapelle de Marceille.

8. Une bulle du Pape Alexandre VII, 30 mai 1664, et une bulle du pape Pie IX, 16 mai 1854, accordant diverses indulgences aux personnes qui visitent Notre-Dame de Marceille.

II.

Bulle de Pie IX.

Sanctissimus Dominus noster Pius Papa IX omnibus utriusque sexûs Christi fidelibus plenariam indulgentiam, semel in anno acquirendam, uno videlicet, uniuscujusque arbitrio, eligendo, ex diebus recurrendis a primo mensis septembris inclusivè usque ad ultimi ejusdem mensis diei solis occasum, si eo die verè pænitentes, confessi sacrâque communione refecti, ante enunciatam ecclesiam ruralem (ecclesiam Beatæ Virgini dedicatam non longè ab urbe Limosii, in territorio Marcelli sitam) visitaverint, ibique, per aliquod temporis spatium, juxtà mentem sanctitatis suæ pias ad Deum preces effuderint, peramanter est impertitus. Præterea indulsit ut ipsi Christi fideles tercentum dierum indulgentiam pro unicâ dumtaxat vice singulis anni diebus, dummodo ejusmodi ecclesiam corde saltem contrito et devotè visitent, consequantur. Præsentibus in perpetuum valituris absque ullâ brevis expeditione.

Datum Romæ, ex Sec.riis Cong.nis indulgentiarum, die 16 maii 1854.

III.

Bulle d'Alexandre VII.

Alexander P. P. VII, omnibus utriusque sexus Christi fidelibus verè penitentibus et confessis, ac sanctâ Communione refectis, qui ecclesiam sanctæ Mariæ de Marcello les Limoux,... Die festo nativitatis beatæ Mariæ Virginis immaculatæ, a primis vesperis usque ad occasum solis festi.... Singulis annis devote jussiaverint et ibi pro christianorum principum concordiâ, hæresûm extirpatione, ac sanctæ Matri ecclesiæ exaltatione pias ad Deum preces effuderint, plenariam omnium peccatorum suorum indulgentiam et remissionem misericorditer in Domino concedimus....

IV.

Visite pastorale de l'Archevêqne de Narbonne, 1641.

Le mercredi 19e jour de juin 1641, Mgr, accompagné comme devant, et de plus de M. Jean-François de Cazalets, précenteur de Narbonne, et de M. Pierre-Anne de Montfaucon, abbé de Calers, seraient partis de Limoux, en carrosse, à trois heures après midi, pour aller en la chapelle Notre-Dame de Marceille, qui est à demi-

lieue de Limoux, dans le terroir, et étant arrivé, re-
vêtu de son rochet, camail et étole, à la porte de ladite
chapelle, seraient descendus de son carrosse; et là se serait présenté frère Antoine d'Aude, ermite qui demeure
à ladite chapelle, et après être entré dans icelle, serait
allé devant le maître-autel où il se serait mis à genoux
pour prier Dieu, et son oraison faite, aurait approché
ledit autel où il aurait fait l'absolution des morts, la
face tournée au peuple, puis dans le cimetière, et après
dans la nef, la face tournée vers l'autel.

A suite, Mgr, après avoir donné la confirmation, aurait visité le grand autel qui est consacré; il est couvert
de deux nappes et paré d'un devant d'autel de rets. Sur
ledit autel y a une image relevée de la Vierge qui porte
sur la tête une couronne d'argent, et du derrière y a
une plus grande figure de la Vierge qui tient entre ses
bras le petit Jésus. Au bas dudit autel y a un marche-
pied; il y a des barreaux de fer ou grille qui ferment
ledit autel en forme de chœur, couvert d'une voûte de
pierre fort élevée, autour duquel sont représentées diverses figures relevées; il y a au-devant de l'autel une
lampe qui brûle continuellement aux dépends du bassin.

Enquis par qui l'église a été fondée et si elle a été
consacrée, répondent les marguilliers qu'on ne sait par
qui elle a été fondée; mais qu'elle a été consacrée, et on
en célèbre la dédicace le second dimanche des morts.

En ladite chapelle il n'y a point aucune fondation, ni chapellenie, ni confrérie. Il y a un ermite nommé frère Antoine d'Aude qui a été reçu par Mgr de Vervins, archevêque, qui lui a donné l'habit, il a trente-un ans, et a exhibé ses actes, tant de sa race que profession, en bonne et due forme.

Cette chapelle dépend du collége de Narbonne, fondé à Paris, qui perçoit le dixième de tout le terroir, hors la troisième partie, qui appartient à Mgr. Il y a dix métairies qui sont dans le terroir dudit Marceille, où le vicaire perpétuel de Limoux administre les Sacrements.

Ladite chapelle est administrée par six marguilliers des six quartiers de la ville de Limoux, qui changent tous les ans à la présence des consuls, sans y appeler le vicaire perpétuel, sur quoi Mgr a ordonné que d'hors en avant le vicaire perpétuel y assistera, et lesdits marguilliers présenteront leur serment entre ses mains. Les marguilliers sont présentement: Jean ESTEVE, marchand; Jacques LE CLERC, orfèvre; Arnaud TEUFAU, Jean VALLE, DURAND GUIRAUD et Antoine PASCAL. Ils furent élus le premier vendredi de Carême, suivant la coutume, et n'administrent autres revenus que les charités.

Enquis quel service on fait en ladite chapelle, répondent que toutes les fêtes et dimanches y a messe basse, et les fêtes de Ste-Croix et de Saint Loup y a messe haute et la veille vêpres, et la fête de la Nativité de Notre-

Dame, disent messe haute et vêpres. Le lendemain de Pâque y a vêpres auxquelles le prédicateur de Limoux prêche ; le premier jour des Rogations aussi ; le dit jour de Notre-Dame exposant le Saint-Sacrement, et la veille disant vêpres et complies, et toutes les autres fêtes de Notre-Dame y a messe basse ; les quatre premiers dimanches de Carême messe haute. Il y a grand abord de peuple qui visite la dite Eglise par dévotion, même y passe la nuit entière le jour de la fête de Notre-Dame de septembre et couche dans l'église, ce que Mgr a expressément défendu, à peine d'excommunication, et enjoint aux dits ermite et marguilliers de fermer l'église une heure avant la nuit....

Devant le dit autel y a un lampadaire qui brûle lorsqu'on fait quelque service. A côté droit du dit autel a été visité une chapelle de Sainte-Catherine, l'autel de laquelle n'est pas consacré, sur icelui y a un autel portatif enchâssé ; n'y a ni nappes, ni devant l'autel, ni rétable ; y a trois vieilles images qui ne sont pas fort décentes, c'est pourquoi Mgr a ordonné qu'elles seront otées et enterrées ; il y a une lampe qui brûle pendant qu'on fait quelque service dans la dite église, aux dépends des bassins ; ladite chapelle est fermée d'un balustre de bois.

Les charpentiers de Limoux font dire une messe au présent autel, par dévotion, les quatre premiers dimanches de Carême.

Du même côté a été visitée ensuite une autre chapelle de Notre-Dame, l'autel de laquelle n'est point consacré, mais il y a un autel portatif; sur icelui y a un rétable de bois qu'on dore fort bien, au milieu duquel est représentée une image de la Sainte Vierge. Il y a une lampe qui brûle avec les autres, et quelqu'autrefois par la dévotion d'un certain Jean Rozet, marchand, de Limoux. La dite chapelle fermée d'une grille de fer qui ferme à clef; au devant de laquelle il y a un lampadaire dont les lampes brûlent comme les autres.

Tous les samedis y a au dit autel quantité de messes de dévotion.

Sur le dit autel y a un tabernacle pour mettre le Saint-Sacrement les jours de grandes fêtes, sans tenir de réserve.

A suite de la dite chapelle et du long de la muraille de l'église, y a trois autels contigus: le premier de sainte Eugénie, celui du mitan de saint Ferriol, et l'autre de Sainte-Croix. On dit que le premier est consacré et qu'on y disait messe sans autel portatif, ce qui a été défendu, attendu que la consécration ne paraît point; il est couvert de trois nappes et d'un devant d'autel; au-dessus y a d'images relevées et un Crucifix joint à la muraille avec d'autres images. Devant chacun des dits autels y a une lampe qui brûle avec les autres. Les dites trois chapelles sont closes par des barreaux ou balustres, avec une

ouverture devant chacune. Mgr a défendu de célébrer,
à deux des dits autels à la fois, à cause de la proximité.

De l'autre côté du maître-autel y a une chapelle de
Saint-Michel, l'autel de laquelle paraît consacré ; il est
couvert d'une nappe et garni d'un devant d'autel ; le
marche-pied est vieux, c'est pourquoi Mgr a ordonné
être réparé. Sur le dit autel y a un rétable avec l'image
de saint Michel, en relief. Les vitres de la chapelle sont
fermées pour plus grande sûreté, parce qu'elles sont
basses ; y a une lampe qui brûle comme les autres. La
dite chapelle est fermée d'un balustre de bois.

Il n'y a point de fondation, mais les marchands y font
dire messe par dévotion les quatre premiers dimanches
du Carême.

A suite de la dite chapelle a été visitée une autre chapelle tout joignant, dite de St-Loup ; l'autel est consacré
et couvert de trois nappes et pare d'un devant d'autel ;
au-dessus il y a un ancien rétable avec une image de
Saint Loup, en relief, au mitan, et des peintures aux
côtés. La chapelle est fermée d'un balustre, au devant y
a une lampe qui brûle comme les autres.

La dite église est fort grande : au devant du grand autel y a deux grands bancs avec deux agenouilloirs cou-
verts de tapis verts, et de là jusqu'à la porte ; d'autres
petits bancs pour le peuple. La chaire du prédicateur est
entre la grande porte et celle du clocher. Au fond de la

dite église y a une tribune, en forme de galerie, qui tourne à la moitié de l'église; près de la porte y a un banc pour les marguilliers, et au-dessus une image de la Vierge. Sur les dits trois autels joignants y a une autre galerie où paraît y avoir eu autrefois des orgues; au-dessous il y a un puits; le tout est porté par cinq ares, le tout en bon état, le clocher aussi auquel on monte par un degré de pierre de taille; il y a une cloche pour sonner les messes.

Entre la chapelle de Notre-Dame et l'autel de Sainte-Eugénie, il y a une sacristie en bon état où les prêtres se revêtent.

Au sortir de l'église, devant la porte, y a un petit couvert en forme de porche, et sur la porte de l'église y a une figure de Notre-Dame en relief enclose dans une caisse vitrée par le devant. Tout joignant de la dite porte est la maison de l'ermite, entre deux encoules où il y a deux petites chambres et un jardin en assez bon état.

Quoi fait, mon dit Seigneur s'en serait retourné à Limoux. Présents à la dite visite les sus nommés et moi Pierre Baliste, secrétaire de mon dit Seigneur, soussigné.

BALISTE,
(Archives préfectorales de l'Aude).

FIN.

TABLE.

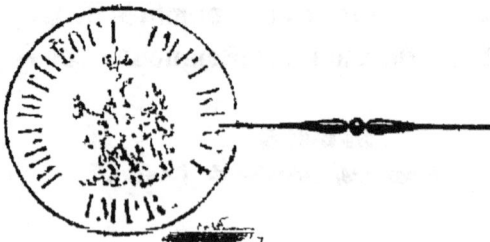

www.ingramcontent.com/pod-product-compliance
Lightning Source LLC
LaVergne TN
LVHW020952090426
835512LV00009B/1853